L. DUPLA[...]

MALFILIATRE

ETUDE

Sa tombe est un autel qu'un vert laurier décore
Et son glas funéraire en nos cœurs pleure encore
(ÉMILE PÉHANT. — *En cimetière*).

PARIS
EN VENTE: CHEZ L'AUTEUR

6, PASSAGE DE L'INDUSTRIE

(Boulevard de Strasbourg)

1888

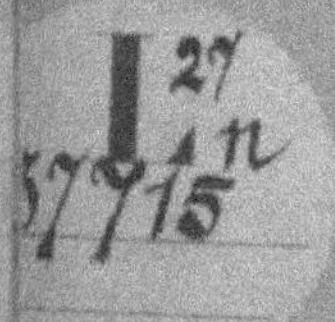

MALFILIATRE

L. DUPLAIS

MALFILIATRE

ÉTUDE

Sa tombe est un autel qu'un vert laurier décore
Et son glas funéraire en nos cœurs pleure encore
(ÉMILE PÉHANT. — *Un cimetière*).

PARIS

EN VENTE: CHEZ L'AUTEUR

6, PASSAGE DE L'INDUSTRIE

(Boulevard de Strasbourg)

1888

MÉDAILLE DE BRONZE

CONCOURS DE L' « *Académie Normande* »

1887

MALFILIATRE

Sa tombe est un autel qu'un vert laurier décore,
Et son glas funéraire en nos cœurs pleure encore,.

(ÉMILE PÉHANT — UN CIMETIÈRE)

À M. Honoré Arnout

Fondateur de la Société Nationale d'Encouragement au Bien

MONSIEUR,

Veuillez agréer tous mes remercîments pour l'honneur que vous me faites de vouloir bien accepter la dédicace de cette Etude.

Votre nom, synonyme de dévouement et de charité, sera le seul mérite de cette œuvre à laquelle je n'ai pu consacrer que de très courts instants.

L. D.

Paris, 1888.

MALFILIATRE

Ce fut à Caen, le 8 octobre 1733, que naquit le
poète Malfiliatre (1), celui que chanta ce lorrain légen-
daire, le brave et regretté Gilbert...

Son père, dont la position de fortune, était des plus
modeste, se vit obligé d'abandonner sa place d'admi-
nistrateur, par suite d'une grande faiblesse dans la vue
et ce fut le travail de ses deux filles qui subvint aux
dépenses de la maison.

Le jeune Louis, profita pour s'instruire, des moyens
gratuits que la Ville disposait en faveur des enfants
pauvres. Elève studieux, il obtint une bourse et entra
au collège du Mont, tenu par les Jésuites. Après de

---

(1) Son acte de baptême, en date du 14 Juillet 1740, le dit fils de
Charles Malfiliatre et de Jeanne-Marie-Esther de Clinchamps.

solides études, il se destina à l'état écclésiastique. Mgr l'évêque de Bayeux, le fit entrer dans les ordres et il porta le petit collet.

Mais s'apercevant que cette carrière ne répondait pas à ses goûts, il l'abandonna et remplaça la théologie par la Jurisprudence. Ce fut à ce moment qu'il fit la connaissance d'une jeune fille à laquelle il voua un amour sans borne. Les parents s'opposèrent au mariage. Malfiliatre, versa alors de vraies larmes et ce premier chagrin le suivit jusqu'à la tombe. Il chanta ses espérances, ses joies et ses peines ! Beaux rêves d'or, tout s'enfuit... Il ne lui resta que sa lyre... Couronné à plusieurs *Palinods* (1), il le fut à Rouen, en 1759, pour son Ode : *Le Soleil au milieu des Planètes* (2). Cette composition fort remarquable fut insérée par Marmontel, dans le *Mercure de France* qui prédit à son auteur « une belle carrière poétique. »

Laissant le barreau, Malfiliatre vint à Paris, où sa réputation l'avait précédé. La Société du XVIIIe siècle, accordait facilement ses faveurs aux poètes et une Ode bien ciselée leur assurait les plus hautes fonctions.

---

(1) Concours de poésie lyrique, se composant d'une Ode ou d'un Sonnet en l'honneur de l'Immaculée-Conception. Robert Wace, poète Anglo-Normand du XIIe siècle, rapporte l'établissement de cette

L'écrivain ne sut-il pas tirer parti de son talent, ou bien ne voulut-il pas livrer sa conscience aux intrigues de ceux qui auraient pu le protéger. Je ne sais. Il s'entoura de peu d'amis et se livra à la traduction de Virgile, qui lui fut demandée, par M. Lacombe,

---

fête au siècle précédent. Elle fut instituée, paraît-il, en souvenir d'une tempête affreuse, dans laquelle manqua périr un abbé du monastère de Romsay — en Danemarck — qui fit cesser la fureur des flots par l'intervention de la Sainte-Vierge. Cette fête reçut le nom de Fête aux Normands, soit à cause du zèle qu'ils déployaient, soit parcequ'ils l'avaient établie longtemps avant qu'elle n'existe dans la Chrétienté. Ce ne fut que dans le XVᵉ siècle que le pape, Sixte IV, ordonna de l'observer dans toute l'Eglise.

En 1727, M. Jean Lemercier, avocat, fonda le Puy palinodique de Caen, semblable à ceux de Rouen et Dieppe. L'Université de la Ville voulant assurer l'éclat et la durée du *Palinod*, institua une Confrérie, qui prit le titre d'Académie de l'Immaculée Conception de la Sainte-Vierge. Jusqu'en 1550, on y lut, aux réunions publiques, les pièces présentées par les auteurs, qui recevaient pour prix la figure en argent de l'un des emblèmes sous lesquels la Vierge est désignée dans les *Litanies*. Les poèmes présentés devaient faire l'éloge de la Mère de Dieu. Mais au bout de quelques années, tous sujets religieux ayant été épuisés, on en substitua de profanes, à la condition d'amener, en finissant, sous le titre : *Allusion*, le panégyrique de la Vierge. Les *Palinods* disparurent à la suite de la Révolution.

(2) Les œuvres précédentes, furent : *Elie enlevé aux Cieux*, en 1753, *La prise du fort St-Philippe*, en 1756 ; *Louis, le Bien-Aimé, sauvé de la mort*, en 1757.

libraire. Les *Géorgiques* et une partie des *Eglogues* parurent peu de temps après. Malgré ses occupations Malfilâtre, fit à cette époque une correspondance enflammée pour rendre service à un de ses amis dont la maîtresse irascible, le rendait malheureux. Cette correspondance, que n'eût pas désavouée Alfred de Musset, ne fit pas changer l'indomptable pécheresse et les deux amants furent obligés de se séparer.

Malfilâtre, n'ambitionna jamais la fortune que pour la partager avec sa famille. Aussi, dès que ses travaux lui rapportèrent, il fit venir ses parents près de lui. Quelques mois se passèrent dans l'opulence. Sa sœur épousa un homme indigne d'elle qui contribua à une ruine générale. Le poète ne comptait pas ; il contracta des dettes, fut obligé de les renvoyer, ainsi que son vieux père, et à bout de ressource, il abandonna son domicile. Secrétaire du Comte de Lauraguais, il travailla à sa tragédie *Clytemnestre* ; mais sa santé quelque peu ébranlée, réclamait l'air de la campagne. Il quitta M. de Lauraguais, pour accepter l'hospitalité du comte de Beaujeu, qui habitait un magnifique château, à Vincennes. Ce fut là, qu'au milieu d'une vie dépravée, il commença son poème de *Narcisse*. Là, aussi, il écrivit ses lignes sur le *Bonheur !*

Le Bonheur est la fin unique,
Où tendent les vœux des humains ;
C'est lui que notre esprit s'applique
A chercher par divers chemins.
Sans en comprendre la nature,
Chacun le place à l'aventure,
Dans l'objet dont il est flatté ;
L'Ambition le nomme la Gloire
Le guerrier l'appelle Victoire
Et le libertin Volupté.

Criblé de dettes, il ne voulait pas rester chez M. de Beaujeu, prétextant un voyage, il retourna à Paris, où il fut rencontré par M. Collet de Messine, auquel il fit part de sa triste situation. Celui-ci ému de tant d'infortune, parla pour lui à Mgr de Savine, évêque de Viviers, il lui lut quelques pièces du poète et lui inspira l'idée de le connaitre. Le prélat vint le voir et trouva, dit-il, « le jeune homme le plus aimable, dans les horreurs de l'indigence. » Il lui loua un petit logement à Chaillot, l'y installa sous le nom de Laforêt et dans cette retraite ignorée Malfiliâtre acheva *Narcisse.*

Un mal horrible, conséquence de ses folies, faisait de si rapides progrès que le malheureux poète voyait déjà l'ombre de la mort planer près de son chevet.

A ses tortures morales, que l'isolement redoublait, vinrent s'ajouter d'autres ennuis. Ses créanciers venaient de découvrir la vérité, il ne pouvait plus s'y soustraire et avait une peur horrible de la prison. Quand un matin, une tapissière à laquelle il devait une forte somme envahit son modeste logis. A la vue d'un semblable dénûment, la brave femme fut touchée de pitié et au lieu de réclamer de l'argent, elle lui offrit sa maison. Touché jusqu'aux larmes, le malade accepta les soins maternels de Mme Lanoue ; il se fit transporter, près l'Eglise St Germain l'Auxerrois, et y mourut trois mois après, des suites d'une cruelle opération, le 6 mars 1767 (1).

Ces deux vers de Gilbert ne sont donc pas rigoureusement vrais :

La faim mit au tombeau Malfiliatre ignore
S'il n'eut été qu'un sot, il aurait prospéré.

Celui qui huit jours avant sa mort, écrivait :

---

(1) Pour perpétuer le souvenir du poète, la ville de Caen a fait poser une plaque de marbre sur la maison où il est né, rue Saint-Jean, 209.

Au banquet de la vie, infortuné convive,
J'apparus un jour, et je meurs ;
Je meurs et sur la tombe où lentement j'arrive
Nul ne viendra verser des pleurs !

a déploré avec indignation le sort de Malfiliatre. Les maux qu'il a eu à souffrir, dit un de ses biographes, ne furent pas étrangers aux inspirations poétiques de Gilbert.

FRAGMENTS DES ŒUVRES DE MALFILIATRE

SUJET DU POÈME DE *Narcisse* (1)

Quand elle eut vu Narcisse, Echo de ses attraits
S'étonne, et pas à pas le suit dans les forêts ;
Elle approche, elle cède au penchant de son âme
Et plus elle s'approche et plus elle s'enflamme.

Narcisse s'égare dans la forêt. Je t'aime, dit-il — L'Echo dit : Je t'aime — puis il la repousse, puis il la recherche.

---

(1) Tiré de la traduction en vers français des *Métamorphoses d'Ovide*, par M. de Saint-Ange.

Ce fier amant qui meurt d'une fièvre fatale
Brûlé d'un feu secret, se consume et s'éteint.

Il perd force et beauté et l'Echo témoin de sa douleur en compatit.

Adieu, dit-il.......
Il succombe et la Mort a fermé ses beaux yeux
Sa passion le suit sur le sombre rivage
Et dans le Styx encore il cherche son image.

Les Dryades gémissent dans les bois.—On prépare un bûcher, des urnes, des flambeaux. — On ne voit plus Narcisse ; on cherche et près des eaux

On trouve une fleur d'or à la tige inclinée
Et de feuilles d'albâtre en cercle couronnée,

Cette œuvre fut la principale du poète. Fraîche et gracieuse elle est comme un reflet de l'antique et malgré la faiblesse de l'invention, elle est une des pages les plus exquises de notre poésie. C'est, dit La Harpe, le ton de La Fontaine pour la naïveté ; la peinture de nymphe qui écoute est celle de l'amant de la Fiammetta de l'Arioste.

Echo écoute Térésias à travers le feuillage :

Elle était fille, elle était amoureuse,
Elle tremblait pour l'objet de ses soins ;
C'était assez pour être curieuse,
C'était assez, filles le sont pour moins.
Mais je ne veux gronder ce sexe aimable,
Et pour Echo sa faute est excusable.
Si cette nymphe est coupable en ceci,
Je lui pardonne, amour la fit coupable :
Puisse le sort lui pardonner aussi !
Discrètement et d'une main habile,
En écartant le feuillage mobile,
L'œil et l'oreille avidement ouverts,
Elle regarde, elle écoute au travers
Ne peut qu'à peine en ce petit asile
Trouver sa place et craint de se montrer
Ne se meut et n'ose respirer
Sait ramasser son corps souple et facile,
Se promettant durant cet entretien.
D'épier tout, un mot, un geste, un rien ;
Un mot, un geste, un rien, tout est utile...

. . . .

CHANT V

Pourquoi faut-il qu'au lieu de ces délices
Qu'on nous promet dans l'empire amoureux,
Nous y trouvions près des ris et des jeux
Les faux soupçons suivis des injustices.
La Jalousie et ses tourments honteux,
Les vains serments, les dégoûts, les caprices
Et que l'Amour soit un Dieu dangereux ?
Que dis-je hélas ! c'est le meilleur des Dieux ;
Il nous aimait et par ses soins propices
Il ne voulait que prévenir nos vœux.
N'en doutez point le bonheur suit ses feux :
Le siècle d'or coula sous ses auspices
Le siècle d'or ne vit que des heureux.
Après ce temps fait pour nos bons aïeux,
Bientôt l'Amour exilé par nos vices,
Les yeux en pleurs s'envola dans les cieux.
Mais prêt à fuir au séjour du tonnerre,
Dans ses adieux il a maudit la terre.
Il a chez nous laissé pour successeurs :
L'Ambition, qui cherche les honneurs

Fait les époux, les désunit sans tendresse
Et l'Intérêt qui trafique des cœurs
Et la Débauche, hideuse en son ivresse
Monstre impudent qui foule aux pieds les mœurs.

Cette œuvre est remplie d'heureuses imitations des anciens. Voltaire dans la *Pucelle*, le cardinal de Bernis et Saint-Lambert, dans leurs poésies des *Saisons* ont aussi imité ce passage de Lucrèce :

O belle nuit ! nuit préférable au jour !
Première nuit à l'amour consacrée !
En sa faveur prolonge ta durée
Et du soleil, retarde le retour.

LE SOLEIL FIXE AU MILIEU DES PLANÉTES (1)

L'homme a dit : les cieux m'environnent,
Les cieux ne roulent que pour moi ;
De ces astres qui me couronnent
La nature me fit roi

---

(1) Ode couronnée à Caen et à Rouen en 1758.

Pour moi le soleil se lève,
Pour moi seul le soleil achève
Son cercle éclatant dans les airs :
Et je vois, souverain tranquille
Sous son poids la terre immobile
Au centre de cet univers. (1)

Fier mortel, bannis ces fantômes,
Sur toi-même jette un coup d'œil.
Que sommes-nous, faibles atômes,
Pour porter si loin notre orgueil ?
Insensés ! nous parlons en maîtres,
Nous qui, dans l'Océan des êtres,
Nageons tristement confondus ;
Nous, dont l'existence légère,
Pareille à l'ombre passagère,
Commence, paraît, et n'est plus !

. . . .

Grand Dieu ! quel sublime spectacle
Confond mes sens, glace ma voix !
Où suis-je ? Quel nouveau miracle
De l'Olympe a changé les lois ?

---

(1) Système de Ptolomée.

Au loin, dans l'étendue immense
Je contemple seul en silence
La marche du grand univers ;
Et dans l'enceinte qu'il embrasse,
Mon œil surpris voit sur sa trace
Retourner les orbes divers. (1)

Portés du couchant à l'aurore
Par un mouvement éternel,
Sur leur axe ils tournent encore
Dans les vastes plaines du ciel.
Quelle intelligence secrète
Règle en son cours chaque planète
Par d'imperceptibles ressorts ?
Le soleil est-il le génie
Qui fait avec tant d'harmonie
Circuler les célestes corps ?

. . . .

Oui, notre sphère, épaisse masse,
Demande au soleil ses présents.
A travers sa dure surface
Il darde ses feux bienfaisants.

---

(1) Système de Copernic.

Le jour voit les heures légères
Présenter les deux hémisphères
Tour-à-tour à ses doux rayons ;
Et sur les signes inclinée
La Terre promenant l'année
Produit des fleurs et des moissons.

. . . .

ALLUSION

Du Ciel auguste souveraine
C'est toi que je peins sous ces traits :
Le tourbillon qui nous entraîne
Vierge, ne t'ébranla jamais
Enveloppés de vapeurs sombres,
Toujours errant parmi les ombres,
Du jour nous cherchons la clarté.
Ton front seul, aurore nouvelle,
Ton front sans nuage étincelle
Des feux de la Divinité !

En parlant du soleil, le poëte dit encore dans ses *Géorgiques:*

> Qui pourra d'imposture accuser le soleil
> Souvent même, il prédit le secret appareil
> Des guerres, des combats, des crimes près d'éclore
> Et qu'une épaisse nuit à nos yeux cache encore.

Dans ses *Poésies Diverses,* on trouve le début du *Poème de Télémaque* et celui de l'*Anti-Lucrèce*, traduit du latin par le cardinal de Polignac.

Voici quelques lignes d'une *Epitre*, dédiée à Sophie Arnould, de l'Opéra :

> Qu'un sot oisif partout raconte
> Ce qu'il inventa sur mon compte
> Un autre sot croira le cas.
> A tous ses bruits sans vraisemblance
> L'homme éclairé, l'homme qui pense,
> Assurément ne croira pas.
> Mais quoiqu'un sage les méprise,
> Un faux dévot, y donne cours
> La malice les autorise,
> Et le peuple les croit toujours.

Le bigot sait l'art de médire
Mais la bigote est cent fois pire,
Et l'œil élevé vers le ciel,
Elle offre à Dieu, d'un air tranquille
Un cœur impur nourri de fiel
Qu'en secret sa bouche distille.

. . . .

La plupart des poésies fugitives de Malfiliatre furent adressées à Mme de Beaumont, auteur des *Lettres du Marquis de Roselles*. Il a collaboré, avec M. Desfontaines, à une pièce intitulée : *Les Fêtes de Saint-Cloud*. Quand la mort le surprit il composait un poème épique : *Les découvertes du Nouveau-Monde* et une tragédie, *Hercule sur le Mont-Œta*.

En l'an VII, des faussaires littéraires, publièrent sous son nom, une traduction, en prose, des *Métamorphoses d'Ovide* ; mais le public éclairé a vengé la mémoire du poète en rejetant avec mépris une publication sans valeur. En 1810, sous le titre : *Génie de Virgile*, parurent plusieurs de ses récits et ses *Œuvres* complètes furent publiées, en 1825. (1).

---

(1) 4 volumes in-8.

CARENTAN

A. COLLEVILLE — IMP. DE L'ACADÉMIE NORMANDE

DU MÊME AUTEUR

EN PRÉPARATION :

PROFITS LITTÉRAIRES

Carentan — A. COLLEVILLE, imp. de l'Académie Normande